Robert Schmidt

Unterrichten im Internet
Ein kurzer Ratgeber zur Orientierung in
digitalen Lernumgebungen

Unterrichten im Internet

Ein kurzer Ratgeber zur Orientierung in digitalen Lernumgebungen

Robert Schmidt

Impressum

ISBN: 978-3-7519-4447-2

Bibliografische Information der Deutschen Nationalbibliothek:
Die Deutsche Nationalbibliothek verzeichnet diese Publikation in der Deutschen Nationalbibliografie; detaillierte bibliografische Daten sind im Internet über http://dnb.dnb.de abrufbar.

Herstellung und Verlag: BoD – Books on Demand, Norderstedt

Dieses Buch widme ich meiner Frau, denn ohne ihre Beharrlichkeit würde es schlicht und ergreifend nicht existieren.

Inhalt

Einleitung

Etwa im Jahr 2012 fragte mich eine Kundin: „Können Sie sich vorstellen, auch online zu unterrichten?" „Nein", sagte ich.

Vorwort

Mit diesem Buch möchte ich nicht nur kurz, sondern hoffentlich auch ein wenig kurzweilig ein paar Ratschläge an Interessierte weitergeben, die heute vor der gleichen Frage stehen wie ich damals.

Dieser Ratgeber richtet sich an alle, die sich bislang nur wenig oder vielleicht auch gar nicht mit der Materie des Online-Unterrichtens beschäftigt haben, aber auch an alle, die wie ich schon lange über das Internet unterrichten. Vielleicht erkennt man ja etwas wieder, oder es gibt den einen oder anderen Aha-Moment.

Ursprünglich hatte ich als Zielgruppe meiner schnellen Handreichung freiberufliche und angestellte Trainerinnen und Trainer in der Erwachsenenbildung im Blick. Durch die jüngsten Entwicklungen ist mir jedoch bewusst geworden, dass sich die Welt manchmal schneller verändern kann, als man es für möglich hält, und dass einschneidende Veränderungen ein rasches Umdenken erfordern können. Deshalb richte ich meine Empfehlungen jetzt an alle, die sich in jedweder Form im Bildungsbereich betätigen. Ich nenne sie „Unterrichtende" oder „Lehrende".

Möglicherweise ist dieser Ratgeber aber auch für Unternehmen interessant, denn auch für betriebliche Schulungen und Meetings bieten Online-Plattformen sehr gute Alternativen zu Präsenzveranstaltungen.

Ich möchte gleich vorwegschicken, dass sich niemand schlecht fühlen muss, der das Internet, Computer, Laptops, Modems, WLAN, soziale Medien und so weiter eher für ein notwendiges Übel hält oder am liebsten überhaupt nicht nutzen würde, sie aber im 21. Jahrhundert angekommen eben doch das eine oder andere Mal im Unterricht verwendet, zum Beispiel zur Materialerstellung oder zur Kommunikation mit Kolleginnen und Kollegen. Meine Darlegungen sollen auch niemanden bekehren, sondern ich weise lediglich auf potenzielle positive Aspekte und Möglichkeiten hin, verschweige aber auch keine negativen Erlebnisse und Erfahrungen – natürlich immer in der Hoffnung, dass meine Erfahrungswerte aus jahrelangem Unterrichten über das Internet Anfängern, Neustartern und Skeptikern möglichst nur tolle Erlebnisse bescheren werden, denn bekanntlich lernt man aus Fehlern.

Dieses Werk ist auch keine wissenschaftliche Abhandlung oder zaubert profunde, neue Erkenntnisse herbei. Am Ende der Lektüre sollte für jeden Lesenden im Idealfall ein wenig gute Unterhaltung gestanden haben, und wenn man obendrein noch Lust bekommen hat, verstärkt im Internet zu unterrichten, dann wäre das Freude und Belohnung genug für mich. Sicher gibt es auch kritische Punkte, die allgemeiner Natur sein können oder auch einer sehr individuellen Betrachtungsweise unterliegen.

Da ich nur meine eigenen persönlichen Erfahrungen weitergebe, sind diese selbstverständlich subjektiv und müssen auch als solche angesehen und hinterfragt werden. Niemand muss mir zustimmen, und natürlich gilt wie immer das Motto: Alles kann, nichts muss.

Damit für jeden was dabei ist und man sich nicht durch elende Textwüsten über Themen quälen muss, die einem längst bekannt sind oder in denen man schon über ausreichende Expertise verfügt, gibt es die nützlichen Handreichungen, Ideen, Tipps und Ratschläge in einzeln Kapiteln, welche auch unabhängig voneinander gelesen und durchgearbeitet werden können. Wer zum Beispiel schon viel mit dem Computer arbeitet, könnte dementsprechend das Kapitel über technische Voraussetzungen nur überfliegen oder ganz auslassen. Kurz, man kann sich praktisch herauspicken, was spezifisch und auch rein subjektiv von Relevanz ist.

Kapitel 1 – Angstfrei

Gleich zu Beginn der wichtigste Hinweis überhaupt: Man kann im virtuellen Raum nichts kaputt machen!

Wenn ich neue Kollegen und Kolleginnen, Teilnehmende und Lernende mit unserer virtuellen Lernwelt vertraut mache, ist das eigentlich immer mein erster Punkt. Zwar bewegen sich viele, vornehmlich die Jüngeren unter uns, mit schlafwandlerischer Sicherheit in Online-Welten, schreiben blind auf den Glasflächen ihrer Smartphones und beordern ihren Sprachassistenten, eine Pizza zu bestellen, aber bisweilen überkommt viele dann doch eine gewisse Scheu, wirklich mal auf einen Knopf zu drücken. Immer noch höre ich häufiger als mir lieb ist das Altbekannte: „Das habe ich mich nicht getraut."

Anders als bei einem Tageslichtprojektor, der tatsächlich kaputtgehen kann wenn er runterfällt, und ich spreche da aus eigener Erfahrung, kann man in Online-Welten nichts wirklich physisch zerstören.

Deshalb meine Bitte: Immer alles ausprobieren, neugierig auf alles klicken und sehen, was passiert. Im schlimmsten Fall stürzt das Programm ab oder man muss seinen Computer neu starten. Aber man zerstört keine realen Gegenstände. Wer natürlich dazu neigt, aus Wut über Programme oder misslungene Ergebnisse seinen Computer aus dem Fenster zu werfen, dem möchte ich gut zureden, so etwas tunlichst zu unterlassen – wobei ich bisweilen auch schon diesen einen kurzen Moment davor gewesen bin.

Eine kleine Warnung noch, bevor man riesige Planungen und Projekte anschiebt: Bitte unbedingt erst mit der Software/dem Computerprogramm vertraut machen. Lieber erstmal etwas herumspielen und noch keine komplette Unterrichtseinheit planen, die dann daran scheitert, dass man vielleicht nur eine Probe-/Trial-/Demo-Version eines Programms hat, nichts gespeichert wird und man schon hart Erarbeitetes verliert.

Zu guter Letzt gilt das Motto eines jeden Computerspiel-Veteranen: „Save often, save quickly!" Zu Deutsch, speichere oft und häufig. Bei den meisten Programmen, neuerdings auch „Apps" genannt, ist oben links ein kleines Viereck zu sehen, das eine Diskette darstellt. Was sicherlich ein Anachronismus ist, denn Disketten sind für meine Kinder so etwas wie Telefonzellen. Sie existieren in ihrer Welt nicht. Speichern ist jedoch ungemein wichtig, denn Computer jedweder Bauart, und darunter fasse ich jetzt alle Endgeräte vom Smartphone bis zum stationären Rechner zusammen, haben ebenso wie die Programme/Apps, die auf ihnen laufen, die lästige Angewohnheit abzustürzen. Was das bedeutet, dürfte jeder schon mal erlebt haben. Tief in die Arbeit versunken hat man seine Semesterplanung in ein Schreibprogramm getippt, gerade steht man vor der Vollendung und hat im Eifer des Gefechts nicht zwischengespeichert. Da kommt dann eine Warnmeldung, manchmal kryptischer Art, die nur die Programmierenden wirklich verstehen, aber auch so wunderbare wie „Sie haben sich entschlossen, das Programm XYZ, das nicht reagiert, zu beenden." Schwupps, sind die Ergebnisse stundenlanger Arbeit nur noch Materieteilchen, jedenfalls im schlimmsten Fall.

Zurück zur Überschrift: Starten, loslegen, erkunden und sich überraschen lassen. Die Angst packen wir in die Mottenkiste.

Kapitel 2 – Online, warum?

Seit langer Zeit unterrichte ich von einigen Präsenzseminaren an der Hochschule mal abgesehen fast ausschließlich online. Und seit ebenso langer Zeit versuche ich, die Idee der Online-Lehre voranzutreiben.

Wenn uns die aktuelle Corona-Pandemie eines gelehrt hat, dann dass wir in der digitalen Lehre noch einiges aufzuholen haben. Diese nicht einfache Zeit hat mir einmal mehr vor Augen geführt, wie häufig Missverständnisse entstehen und wieviel Skepsis und teilweise sogar Scheu gegenüber dem Digitalen nach wie vor besteht. Dabei ist gerade die Online-/Internet-Lehre wirklich überhaupt kein Buch mit sieben Siegeln und kann, wenn man sich offen und bewusst darauf einlässt, unseren pädagogischen Alltag bereichern und bis zu einem gewissen Grad sogar vereinfachen.

Niemand ist wirklich frei von Vorurteilen oder gibt gern mal eben auf die Schnelle vertraute, bewährte und erfolgreiche Strukturen auf, ist erpicht auf einen vermeintlichen Berg Arbeit, der einen womöglich erwartet, oder möchte gar Geld in ein Equipment stecken, von dem er oder sie bis dato eigentlich gar nichts hält. Solche Gedanken und noch viele mehr möchte ich etwas zerstreuen. Das soll auch kein Lobgesang auf die Digitalisierung sein, und es gilt natürlich auch weiterhin in allen Bereichen kritisch und auch bewusst zu analysieren, wo potenzielle Nachteile den Unterricht und die Entwicklung der Teilnehmenden behindern können, aber zumindest gibt es hier die Möglichkeit, durch meine Brille ein wenig tiefer in die Materie zu schauen und sich auf den spannenden Weg in die digitale Lernumgebung zu machen.

Um die Ausgangsfrage dieses Kapitels wieder aufzunehmen: Das Arbeiten im virtuellen Raum bietet die Möglichkeit, sehr schnell und einfach in Kontakt zu treten, neue Wege zu beschreiten und die Eigenverantwortung der Lernenden sehr gut zu unterstützen. Dies sei im Folgenden näher erläutert.

Auch in der Lehre gilt, dass nichts so beständig ist wie der Wandel, und nur ein kurzer Blick zurück offenbart verschiedene pädagogische Ansätze und Trends, von denen viele sich durchgesetzt haben, andere in Vergessenheit geraten sind – ich stelle hier mal Schlagworte wie „schwarze Pädagogik" und „antiautoritäre Erziehung" in den Raum – und wieder andere sich hartnäckig halten, wie zum Beispiel „Frontalunterricht". Eben diese beständige Veränderung sollte man sich zunutze machen.

Kommen wir wieder zu meinem im zweiten Absatz schon erwähnten tagesaktuellen Bezug. Wir leben in einer Welt, in der wir über Sprachassistenten unsere Heizung regulieren und die Jalousien unserer Häuser steuern können, während wir tausende Kilometer entfernt am Strand sitzen. Wir sind angekommen in der digitalen Welt, so könnte man meinen. Und doch stand während der Corona-Pandemie im Jahr 2020 in der Bundesrepublik Deutschland fast der gesamte Bildungsapparat kurzfristig still. Dieser Stillstand hat nicht nur in Deutschland, sondern auch international gezeigt, dass in unserem „digitalen Zeitalter" das Digitale im Bildungswesen viel zu kurz gekommen ist.

Das virtuelle, internetbasierte Arbeiten gibt aber nicht nur eine Antwort auf die existenzielle Frage, wie man auch in Zeiten von „Lockdown" und Kontaktverbot die Versorgung mit Bildung zufriedenstellend aufrechterhalten kann. Es bietet außerdem noch viel Freude und Abwechslung. Es ist daher im Interesse aller Betroffenen, sich verstärkt mit der Materie auseinanderzusetzen.

Online haben wir im 21. Jahrhundert die Möglichkeit, uns virtuell zu treffen, und wenn man schon Partys über Messenger-Plattformen wie *Zoom* oder *Skype* stattfinden lassen kann, und das kann man, dann sollte doch auch einer Unterrichtsstunde im mehr oder weniger klassischen Sinne nichts mehr im Wege stehen.

Und genau das ist das Schöne, es gibt jetzt keine Ausrede und keine Gründe mehr, die gegen eine internetbasierte Beschulung sprechen. Ganz im Gegenteil, es liegt nur an uns, jetzt diesen Schritt zu gehen und unsere Kreativität und unser Wissen in neue, aufregende Welten zu investieren.

Kurz zusammengefasst bietet uns das Internet die Möglichkeit, unsere Lernenden stärker eigenverantwortlich arbeiten zu lassen, sie zeitlich flexibler zu betreuen, noch individueller auf Bedürfnisse und Wünsche einzugehen, kreativer zu arbeiten und dazu räumlich und physisch vollkommen frei zu sein. Im virtuellen Raum findet Begegnung statt, ohne sich „real" zu begegnen. Eine neue Welt ohne Grenzen.

Kapitel 3 – Didaktik/Methodik

Zur besseren und genaueren Einschätzung und auch Bewertung meiner Tipps ist es nötig, sich immer vor Augen zu halten, dass mein Wissen und meine Erfahrungen nur aus dem Bereich der Erwachsenenbildung stammen und ich keine wissenschaftlich fundierte Arbeit und Analyse liefere. Ich versuche zwar objektiv zu reflektieren, aber am Ende sind es immer nur meine eigenen ganz persönlichen Ideen, Vorschläge und Erfahrungen, die sich in meinen Ausführungen wiederspiegeln. Wie und ob überhaupt sie auf andere pädagogische Teildisziplinen anwendbar sind, muss jeder selbst entscheiden.

Erfahrungswerte

Gleich eins vorweg: Der Unterricht im virtuellen Raum sollte nach Möglichkeit von erfahrenen Unterrichtenden durchgeführt werden, da es didaktisch einiges zu beachten gibt und sich durch die Virtualität nicht nur viele Optionen, sondern auch Hindernisse ergeben.

Ganz am Anfang steht die einfache aber wichtige Erkenntnis, dass man die Teilnehmenden nicht sieht. Es gibt natürlich die Möglichkeit, sich Avatare zu generieren oder sich in *Skype/BigBlueButton/Zoom* und so weiter mit einer Videoschaltung zu treffen, aber nicht alle Teilnehmenden haben eine Webcam oder wollen diese verwenden. Dementsprechend kann man sich aus der Perspektive des Unterrichtenden auch nicht darauf verlassen, dass alle Teilnehmenden immer anwesend sind. Da hilft auch nicht der Name oder Avatar, der auch bedeuten kann: ist zwar da, aber gedanklich oder auch physisch nicht am Geschehen beteiligt.

So eine Situation ist gerade zu Beginn nicht einfach einzuschätzen und bisweilen schwierig zu handhaben, vor allem wenn man ohnehin nur sehr wenig Unterrichtserfahrung hat.

Didaktisches Handeln

Während man also im normalen Klassenraum, Vorlesungs- oder Seminarsaal die Lernenden vor sich sieht und so mit allen Sinnen die kleinsten Veränderungen wahrnehmen kann - ein leichtes Kopfschütteln oder Seufzen, die hochgezogene Augenbraue, das Hinüberlehnen zum Nachbarn - die einem sofort vermitteln, dass eine

Aufgabe nicht richtig verstanden wurde oder es an Motivation fehlt, gibt es im virtuellen Raum solche Rückmeldungen nicht. Deshalb muss man darauf vorbereitet sein und sollte möglichst schon einmal in Präsenz unterrichtet haben. Das ist zwar sicherlich kein Allheilmittel, aber zumindest hat man dann schon ein wenig Gespür für Situationen und kann durch die Erfahrung das Geschehen antizipieren.

Wenn wir didaktisches Handeln als Alltagshandeln mit Alltagsmechanismen wie Gewöhnung, Typisierung, Paradoxien, Machtverhältnissen usw. in einer irreversiblen Hier-und-Jetzt-Situation beschreiben, dann wird deutlich, dass man als Anfänger/in vielleicht sehr schnell an die persönlichen Grenzen stößt und schon nach kurzer Zeit eher demotiviert als gestärkt aus einer virtuellen Stunde herausgeht. Hier ergibt sich ein Nachteil der virtuellen Lernwelt. Für Startende sehe ich durchaus sehr große Hürden, die nicht ohne weiteres aus der Welt geschafft werden können. Dennoch ist eine Lösung in Sicht, denn es bedarf eben verstärkter Betreuung durch eine schon erfahrene Lehrkraft und die Möglichkeit intensiver Hospitation im Online-Unterricht.

Aber auch wer schon viel Erfahrung in der realen Unterrichtswelt gesammelt hat, kann sich zu Beginn schon etwas überrascht und herausgefordert fühlen. Deshalb wieder mein Plädoyer für verstärkte Zusammenarbeit und Hospitation, die als Grundpfeiler zu Beginn nicht nur regelmäßig durchgeführt werden sollten, sondern explizit jedem anzuraten sind, der sich auf die Reise in die virtuelle Welt macht.

Aus eigener Erfahrung möchte ich an dieser Stelle aber auch anmerken, dass sich alle meine Bedenken innerhalb der ersten fünf Minuten gänzlich zerstreut hatten und ich seit diesem Moment völlig von den Vorteilen des Online-Unterrichtens überzeugt bin.

Mein erster Einsatz war in *Adobe Connect*[1], einer virtuellen Lernplattform, die zu jener Zeit keine Einbindung von Webcams[2] erlaubte. Zumindest wurden von meinem damaligen Auftraggeber erst ein Jahr später Webcams eingeführt. Der virtuelle Unterricht fand also zum größten Teil über Audioinhalte statt. Sowohl von meiner Seite als

---

[1] Kapitel 6 – Plattformen
[2] Kapitel 5 – Allgemeine technische Informationen

auch vonseiten der Teilnehmenden wurde das aber zu keiner Zeit als Problem wahrgenommen, und man muss sich ja auch bewusst sein, dass diese Erfahrung nun schon lange her ist. In Anbetracht der rasenden Entwicklung der letzten zehn Jahre fühle ich mich fast wie Methusalem.

Mir sind aber gerade diese Erfahrung und dieser Moment sehr wichtig, denn genau das war ausschlaggebend für meine Entscheidung, kompromisslos den digitalen Bildungsweg zu beschreiten, und gleichzeitig einer der Gründe für diesen Ratgeber. Speziell am Anfang war vielen Kollegen/innen überhaupt nicht klar, wie sich meine Arbeit gestaltete, was sich geändert oder besser gesagt nicht geändert hatte, und auch ein gutes Jahrzehnt später ernte ich immer noch viele fragende Blicke, wenn ich von meiner Arbeit berichte. Dank Corona[3] hat sich das etwas verändert, aber bisher ist meine Wahrnehmung, dass der Online-Unterricht nur als kurze Überbrückung ins Blickfeld gerückt ist, um dann für die Mehrheit ebenso schnell wieder zu verschwinden, wie er aufgetaucht ist. Das aber sollte unbedingt vermieden werden, denn es bietet

---

[3] Kapitel 2 – Online, warum?

sich genau jetzt die einzigartige Chance, die virtuelle Lernwelt in großen Schritten zu erobern.

Beispiel-Unterrichtseinheit

Wie schon erwähnt, bietet sich ein virtueller Klassenraum sehr gut für autonome Lernphasen an. Manche Plattformen eignen sich sicherlich etwas besser als andere, aber selbst mit den frei verfügbaren Meeting-Plattformen wie beispielsweise *Zoom* wäre eine Einheit wie unten beschrieben durchführbar. Unter Verwendung freier Materialien möchte ich hier einen kurzen Auszug aus einer geplanten autonomen Unterrichtsphase für eine Englischstunde zeigen:

Ausarbeitung einer autonomen Lernphase über 90 Minuten im Fachbereich Englisch für berufliche Bildung im virtuellen Klassenraum

1.   Lernziele und Inhalte
Die im Folgenden beschriebenen kognitiven Lernziele der autonomen Lernphase sind erstens zur Vorbereitung auf den EFB-Test (English for Business) Level 1 der London Chamber of Commerce and Industry (LCCI) und zweitens zum Erwerb mündlicher Kommunikationsfähigkeiten in

der Fremdsprache im Rahmen der beruflichen Bildung bei einem Weiterbildungsträger gestaltet.

Lerninhalt 1: Schulung des Leseverstehens eines ca. 300 Wörter umfassenden, unbekannten Textes mit anschließender Beantwortung von 10 Fragen mit „richtig" oder „falsch", wobei jeweils eine Begründung für die Lösung aus dem Text mit maximal 6 Wörtern erfolgen muss. Bearbeitungszeit: 30 – 40 Minuten.

Lerninhalt 2: Praktische Anwendung der Zielsprache im betrieblichen/geschäftlichen Kontext (Telefonieren, Begrüßung von Besuchern, Smalltalk, Geschäftskorrespondenz und so weiter). Hierbei gilt es häufig Sprechhemmungen zu überwinden und darüber hinaus Sicherheit im Umgang mit der Zielsprache zu vermitteln.

Lernmaterial: Verwendet wird ein überarbeiteter, an das Level B1 (Fortgeschrittene Sprachverwendung) des Gemeinsamen Europäischen Referenzrahmens für Sprachen (GER) angepasster Artikel aus der britischen Tageszeitung „The Guardian".

Lernziel 1: Die Teilnehmer/innen können sich im Rahmen ihres Kursniveaus (Level A2/B1 des europäischen Referenzrahmens) über ein vorgegebenes Thema (hier Lotterie/Smalltalk) mündlich ausdrücken. Als finale Taxonomie (Bewertung) gilt die Bewertung des Für und Wider der Lotterieteilnahme in der Zielsprache.

Lernziel 2: Die Teilnehmer/innen erarbeiten eigenständig mit Hilfe von Definitionen und Unterstützung durch Texthinweise (hier: Vorgabe, in welchem Absatz sich das gesuchte Wort befindet) neues Vokabular.

Lernziel 3: Die Teilnehmer/innen verwenden das gelernte Vokabular, können einen unbekannten Text überfliegen, lesen und verstehen (skimreading) und Fragen zum Text korrekt beantworten (die Fragen sind aufgrund der begrenzten Zeit von 90 Minuten nicht Teil der autonomen Lernphase).

2. Aufgaben und Methodik
Die Aufgaben werden zum besseren Verständnis vor der autonomen Lernphase im Plenum erklärt. Nach abschließender Sicherstellung, dass die Aufgaben verstanden wurden, sind die Teilnehmer/innen auf sich gestellt, die Lehrperson verlässt das virtuelle Klassenzimmer oder Gebäude.

Zielgruppe: Erwachsene im Bereich berufliche Bildung

Aufgabe 1:

Discuss the following questions in groups.

a. When was the last time you bought a lottery ticket?
b. Have you ever won anything on the lottery?
c. Do you play the lottery regularly? Why/ why not?

Methodik: Gruppenarbeit

Die Teilnehmer/innen gehen gemeinsam in der Gruppe die Fragen durch und besprechen ihre persönlichen Erfahrungen in der Zielsprache. Zur Überprüfung des kooperativen Lernens erfolgt im Anschluss an die autonome Selbstlernphase eine Befragung einzelner Teilnehmer/innen im Plenum durch die Lehrkraft.
...

Speziell in der Gruppenarbeit liegt eine der immensen Stärken der Online-Plattformen. Gerade die Anwesenheit einer Lehrkraft führt oftmals zu Hemmungen, und Lernende mit schwachem Selbstbewusstsein oder dem Hang, sich stark zu hinterfragen, haben häufig das Problem, nicht völlig „aus sich herauszukommen". Durch eigene virtuelle Räume, in denen die Lernenden nur unter sich sind, ergibt sich aus meiner Erfahrung und Beobachtung eine ganz andere Dynamik, die dem Lernerfolg sehr dienlich ist.

Unterrichtsmethoden/-formen/-techniken

Natürlich werden sich viele fragen, ob ihre präferierten Methoden und Techniken auch im virtuellen Raum einsetzbar sind. Da kann ich nur beruhigend nicken und allen Mitstreitenden nur empfehlen, sich einfach darauf einzulassen und selber zu erfahren, dass sich bis auf die Tatsache, dass man sich physisch nicht nahe ist, eigentlich nichts ändert.

Wer also seinen Unterricht immer nur frontal gestaltet, muss keine Sorge haben, dass der virtuelle Klassenraum dies womöglich nicht zulässt oder es aus anderen Gründen technisch nicht machbar sein könnte.

Das gleiche gilt für alle, die sich anderen Sozialformen gegenüber offener und interessierter zeigen, Gruppen-, Partner-, Einzelarbeit oder Plenum, alles geht. Die 1:1-Übertragbarkeit von der Präsenz in den virtuellen Raum ist eine weitere enorme Stärke des Unterrichtens im Internet.

Dazu kommt, dass man jedwede Medien im virtuellen Raum viel einfacher und direkter einbinden kann. Der leidige Weg zum Kopierer entfällt. Wer kennt es nicht, gerade wenn man seine Dokumente ausdrucken möchte, gibt es einen Papierstau, der Toner ist alle oder Kollege XY hat gerade angefangen, seine 20-Seiten-Klausur für die 200 Studierenden zu drucken.

Durch die direkte Einbindung von Materialien und Medien ergibt sich eine Spontaneität und Flexibilität sondergleichen. Fairerweise muss man natürlich zugeben, dass auch das Arbeiten mit „Papier" sehr gut funktioniert, wenn man schon einiges an Material zusammengetragen hat, im Unterrichtsstoff bewandert ist und bestimmte Reaktionen seitens der Lernenden einigermaßen genau antizipieren kann.

Unterricht im Kontext

Online oder virtuell bedeutet nicht, dass der Computer oder das Internet jetzt die Arbeit macht, es ist auch nicht weniger Arbeit oder führt automatisch zu besseren Erfolgen und Ergebnissen. Was geschieht, ist nichts anderes als eine Verlagerung der Räumlichkeiten. Wer Wunder erwartet und sich erhofft, mit der Virtualität automatisch ein besserer Lehrer zu werden oder das Curriculum in kürzerer Zeit zu schaffen, sei hiermit gewarnt.

Der Unterricht als solcher ändert sich nicht, und es gilt weiterhin, dass wir Lehrenden verantwortlich für das Methodenarrangement und die Lernkultur sind und bleiben.

Allerdings finde ich persönlich, dass speziell in der Methodik der Unterrichtssteuerung die virtuelle Welt einen klaren Vorteil bietet. Intervenieren, Beraten, Impulse geben usw. lassen sich viel subtiler und spezifischer auf einzelne Lernende oder Lerngruppen anwenden. In einem realen Raum bekommt die ganze Klasse oder Gruppe Fragen oder Probleme mit, und für Einzelgespräche müsste man den Raum verlassen.

Wenn man zu Gruppentisch A geht und berät, hören durch die räumliche Nähe natürlich auch Gruppe B und C, was man bespricht. Online-Plattformen erlauben hier eine viel diskretere, zielführende und direkte Unterrichtssteuerung. In der Lernwelt, in der ich mich zurzeit befinde, kann ich meinen Avatar durch ein Gebäude bewegen, bilde also die Realität weitestgehend ab, ich habe aber auch die Möglichkeit, durch ein Auswahlmenü gezielt Kontakt mit nur einer Person aufzunehmen, ohne dass diese ihre Gruppe verlässt oder dass jemand anderes es mitbekommt. Ich muss an dieser Stelle hoffentlich nicht extra erwähnen, dass das Interesse an einer positiven Lernkultur, Anerkennung und Wertschätzung die höchste Priorität einnehmen und sich unsere Lernenden in der realen wie auch in der virtuellen Lernumgebung in einem geschützten Raum befinden sollten, in dem angemessen kommuniziert wird.

Fazit

Virtuell oder online bedeutet nicht das Ende des Präsenzunterrichts oder bietet gar revolutionäre didaktische Erkenntnisse. Was für mich aber unbestreitbar ist, und da wird es sicherlich einige

Kritik geben, ist, dass die Festlegung, die Konstruktion und die Dynamik des Unterrichts durch das Virtuelle zwar kein neues, aber ein frischeres Gesicht bekommen. Eben durch die schnelle Verfügbarkeit und die Individualität, welche die virtuelle Präsenz erlaubt, verschieben sich diese Cluster und verstärken den Lernerfolg der Gruppe sowie auch des Einzelnen. Äußere Rahmenbedingungen wie suboptimale Schulungsräume und mediale Ausstattung fallen weitestgehend weg. Dem überholten Kommunikationsmodell „Sender und Empfänger" stellen wir systemisches Denken gegenüber und setzen auf kognitive Erkennens- und Problemlösungen, unterstützt durch beständiges Fördern und auch Fordern. Das alles wäre auch ganz traditionell umsetzbar, aber keinesfalls so schnell und radikal und ohne dabei enorme Kosten zu verursachen.

Für mich offeriert die virtuelle Welt die Möglichkeit, einen großen Schritt vom „traditionellen" Lehrenden zum Lernbegleiter zu machen und somit Wissen und Erkenntnis tiefer zu verankern.

Kapitel 4 – Allgemeine technische Informationen

Dieses Kapitel ist von besonderer Bedeutung, da die Erfüllung bestimmter technischer Voraussetzungen unerlässlich ist, um überhaupt virtuell, also im Internet, unterrichten zu können.

Ich bekomme von keiner der nachstehend genannten Firmen Geld, werde gesponsert oder habe irgendeinen Profit oder Vorteil durch die Nennung. Es sind nur Hardware/Geräte und Software/Programme/Apps, die ich selbst verwende und im Folgenden beschreibe, und jeder möge sich bitte ein eigenes Bild vom Angebot am Markt machen und schließlich das kaufen, was man haben möchte und für gut befindet.

Einige Aspekte in diesem Kapitel sind für technisch versierte Anwendende sicherlich viel zu ausführlich beschrieben, dennoch gibt es durchaus auch Hinweise und ein paar Tipps, deren Wert man erst nach längerer Zeit und mit etwas Erfahrung erkennt.

Da wir uns beim Online-Unterricht in einem virtuellen Raum befinden, brauchen wir einiges an technischem Equipment, das für das Unterrichten unverzichtbar ist und uns außerdem das Leben leichter machen kann. Hier gibt es eine solche Fülle an Produkten, dass man unmöglich alle auflisten kann, zudem spielen wie bei anderen Konsumgütern persönliche Präferenzen natürlich eine große Rolle. Weiterhin ist besonders die IT-Branche extrem schnelllebig, so dass schon beim Tippen dieser Zeilen alle Angaben zu technischem Gerät als veraltet gelten dürften. Dennoch möchte ich meine Eindrücke darlegen, ohne mich zu sehr in technischen Details zu verlieren.

Der Provider oder „der Internetanschluss"

Die Grundvoraussetzung, um überhaupt online unterrichten zu können, ist ein Internetanschluss. Je nach Wohnort gibt es hier eine Auswahl an Anbietern/Providern. Im städtischen Bereich hat man die freie Wahl, auf dem Land ist es mit der Anbindung an das Internet leider teilweise noch ein bisschen dürftig. Wir sprechen hier von Bandbreite, was bedeutet, wie schnell wir Daten aus dem Internet empfangen und darüber versenden können. Aktuell wird in Deutschland viel über die Bandbreite diskutiert, denn die Bundesnetzagentur möchte den Standard 5G flächendeckend einführen, mit dem man noch größere Datenmengen kabellos versenden kann.

Die Realität ist aber, dass in vielen Bereichen nur sehr niedrige Geschwindigkeiten erreicht werden. Trotz aller Beteuerungen seitens der Politik möchte ich darauf hinweisen, dass im Jahr 2020 leider immer noch nicht jeder Wohnsitz die technischen Voraussetzungen für einen Online-Arbeitsplatz bietet.

Ich musste selbst erfahren, dass ein Umzug mich plötzlich vor größte Probleme stellte, denn es gab nur einen Anbieter, dessen Verbindung zum Internet aber nicht die benötigte Geschwindigkeit auswies. Zum Glück gab es die Alternative einer Verbindung über LTE. Dies ist eine Internetverbindung über Funk, welche allerdings den Nachteil hat, dass nur begrenzte Datenmengen zur Auswahl stehen, die zudem sehr hochpreisig sind. Für mich vervierfachten sich die Kosten für die Internetanbindung, aber nur so konnte ich meinen Kunden die gewünschte Qualität bieten. Vorteilhaft ist die Funkverbindung aber auch, denn bei Verteilerausfällen im Kabelnetz kann man unbeschwert weiterarbeiten. Dies hat mir schon zweimal geholfen, als ganze Stadt- und Ortsteile für Stunden nicht am Netz waren und ich meinen Unterricht trotzdem ungestört fortsetzen konnte.

Vor einem Umzug sollte man also genau prüfen, ob die benötigte Bandbreite, also das erforderliche Datenvolumen, am neuen Wohnort vom Provider zur Verfügung gestellt werden kann. Dabei hilft es nicht, nur die Online-Prüfung der Anbieter zu verwenden, denn diese ist oft zu ungenau, sondern man muss aktiv an die Anbieter herantreten und die Verfügbarkeit der Bandbreite von einer/m Mitarbeiter/in klären und bestätigen lassen.

Je nach Provider fallen für die Verbindung unterschiedlich hohe Kosten an. Diese richten sich nach der Geschwindigkeit und dem Datenverbrauch. Für die Durchführung von Unterrichtsstunden sollten es mindestens 6000 kbit/s (Kilobits pro Sekunde) im Download und mindestens 2000 kbit/s im Upload sein, wenn machbar auch schneller, also höher als die genannten Zahlen. Sogenannte Basisverbindungen mit 1500 bis 2000 kbit/s sind nicht zu empfehlen, da es wahrscheinlich häufig zu Verbindungsabbrüchen kommt oder das virtuelle Klassenzimmer nur eingeschränkt funktioniert.

Wie schon erwähnt, gibt es im städtischen Bereich keine Probleme, geeignete Anbieter zu finden, die unsere technischen Voraussetzungen zu einem günstigen Preis erfüllen. Fast alle Anbieter haben

Pauschalangebote, man muss sich also keine Sorgen um die Datenmenge machen und kann auch größere Dateien hochladen und empfangen. Es sei allerdings darauf hingewiesen, dass das Datenvolumen beim Online-Unterrichten weitaus geringer ist als zum Beispiel beim Anschauen eines Films. Bevor man sich von Hochgeschwindigkeitsanbindungen und Flatrates locken lässt, sollte man wissen, dass diese eher für Unterhaltungszwecke dienen, während im täglichen Arbeitsleben Datenmengen von mehr als 30 GB (Gigabyte) pro Monat wohl kaum überschritten werden und zum Beispiel in meinem Bereich (der Fremdsprachenvermittlung) noch weit darunter liegen. Bitte vor dem Vertragsabschluss außerdem die Laufzeiten und Kündigungsfristen klären.

Computer oder Laptop und Betriebssystem

Wenn die Anbindung an das Internet geklärt ist, folgt der nächste Schritt. Ein Computer, ein Monitor sowie weitere Eingabe- und Verarbeitungsgeräte müssen her.

Je nach Bedarf kann man einen stationären Computer kaufen, also einen Tower, oder aber einen tragbaren Laptop. Mit Letzterem ist man sehr flexibel, das ist interessant für alle Unterrichtenden, die auch noch in Präsenz unterrichten und dort zum Beispiel Filme oder Soundfiles präsentieren wollen. Allerdings würde ich hier dann zu einem noch handlicheren Tablet raten.

Der Vorteil eines Towers ist seine Erweiterbarkeit. Wenn mehr Arbeitsspeicher oder eine größere Festplatte benötigt wird, kann man diese einfach nachrüsten. Bei modernen Laptops ist das aufgrund der leichten Bauweise häufig nicht mehr möglich, denn Komponenten wie der Arbeitsspeicher sind auf der Prozessorplatine fest verlötet. Bitte unbedingt vor dem Kauf erkundigen, ob alle benötigten Anschüsse wie zum Beispiel Ethernet vorhanden sind. Auch für Monitore braucht man sonst gegebenenfalls Adapter, und diese verursachen nicht nur weitere Kosten, sondern führen außerdem zu einem Wust an Kabeln auf dem Schreibtisch.

Man muss für eine Grundausstattung kein Vermögen ausgeben, häufig reicht ein Angebot des lokalen Elektrohändlers oder einer Elektrokette aus, auch im Internet selbst bieten unzählige Läden alles an, was benötigt wird.

Es sei aber an dieser Stelle darauf hingewiesen, dass bestimmte Online-Programme für den virtuellen Klassenraum nicht mit allen Betriebssystemen kompatibel sind. Es gilt also vorab zu klären, mit welcher Betriebssystemversion die Software ohne Einschränkung funktioniert und wieviel Arbeitsspeicher sie benötigt. Als Beispiel sei hier *Adobe Connect* genannt, das zum Zeitpunkt des Schreibens dieses Ratgebers nicht mit *Windows* Versionen ab *Windows 8.0.* funktionierte, während *Adobe Connect II* wieder mit *Windows 10* kompatibel ist.

Ich arbeite seit Jahren mit Computern von *Apple*, nicht weil ich die so schick finde, sondern aufgrund der guten Bedienbarkeit und der Einbettung weiterer Hardware wie *iPhone* und *iPad*, welche ich bevorzugt im Präsenzunterricht benutze. Besonders das *iPad* leistet hier gute Dienste. Es lässt sich einfach über ein Kabel mit einem Projektor/Beamer verbinden, und man kann so die Inhalte auf eine Projektionswand werfen. Nachteilig bei *Apple* sind meiner Meinung nach der hohe Preis der Produkte und der teilweise eingeschränkte Support selbst führender Hard- und Softwarefirmen. So wurde jüngst die Scan-Funktion meines *All-in-One*-Druckers deaktiviert, und die mitgelieferte Software ist jetzt nicht mehr verwendbar. Auch hinsichtlich der Prüfungsplattform *Questionmark* ergaben sich Einschränkungen durch ein Betriebssystem-Update. Ich kann nach wie vor Prüfungen erstellen, der Browser, in dem die Prüfung dann stattfinden soll, ist jedoch nicht mehr mit meinem System kompatibel. Es gibt noch einige andere Beispiele, allerdings können solche Probleme sich auch durchaus über Nacht in Luft auflösen, wenn Firma X/Y ein Software-Update vorlegt. Zum Thema Betriebssystem würde ich persönlich abschließend eher eine *Windows*-Version bevorzugen, denn bei *Apple* gesellen sich zu den Kompatibilitätsproblemen noch die immer höheren Preise für die Hardware.

Headsets/Kopfhörer mit Mikrofon

Nach der Wahl des Betriebssystems braucht man noch verschiedene Hardware. Unabdingbar ist ein Headset. Ein Headset ist eine Kombination aus Kopfhörer und Mikrofon. Auch Headsets werden von verschiedenen Firmen angeboten, wobei eine immense Preisspanne vorherrscht. Kurz vorweg, ein Vermögen muss man auch hier nicht ausgeben; ich habe zwei Jahre mit einem USB-

Headset von *Logitech* für knappe 20 Euro gearbeitet und bin erst kürzlich auf eine kabellose Variante des gleichen Herstellers für knapp 50 Euro umgestiegen.

Bevor ich auf das Thema kabellos/kabelgebunden eingehe, vorab der wichtigste Aspekt bei der Auswahl des Headsets: der Tragekomfort. Je nach Unterrichtsinhalt kann man das Headset schon mal bis zu zwei Stunden oder länger tragen, da ist es sehr wichtig, dass es auch auf Dauer nicht zu Druckschmerzen führt. Um gleich mal alle Illusionen zu beseitigen: Jedes Headset bereitet am Anfang Probleme und verursacht eine Art Muskelkater in oder an den Ohren. Nach kurzer Eintragezeit sollte sich das aber geben. Dennoch muss man regelmäßige Pausenzeiten auch nutzen, um das Headset abzusetzen.

Ein weiterer wichtiger Aspekt sind die Anschlussmöglichkeiten des Headsets. Bitte genau darauf achten, welche Voraussetzung der Computer bietet, so hat zum Beispiel ein Laptop vielleicht nur USB-Ausgänge und keine Soundkartenausgänge. Wenn man einen Tower hat, kann man auch ein Headset benutzen, welches über Soundkartenanschlüsse verfügt.

Kabellos oder kabelgebunden?

Mit Kabel sind die Headsets meist günstiger, ein weiterer Vorteil ist, dass sie immer geladen sind, da sie über das Kabel auch mit Strom versorgt werden. Manchmal schränkt einen aber das Kabel in der Bewegung ein oder man verheddert sich darin, ich bin sogar schon mal fast gestolpert. Dazu verdrehen sich die Kabel nach längerem und täglichem Gebrauch, so dass man das Gerät immer mal „aushängen" lassen sollte. Das heißt: Gerät am Kabel festhalten, Kopfhörer nach unten und so lange am Kabel hängen lassen, bis es sich nicht mehr dreht. Dass solche Verdrehungen auch zu Kabelbrüchen führen, liegt auf der Hand. Das ist bei kabellosen Geräten natürlich nicht der Fall, aber hier kann der Akku verschleißen und somit eine Neuanschaffung erforderlich machen.

Der gängige Verbindungsstandard für kabellose Headsets ist Bluetooth, womit eine Verbindung über kurze Distanzen möglich ist. Man kann also nicht erwarten, während der Arbeit im Garten flanieren zu können, wenn der Computer unterm Dach ist. Insgesamt ist das etwas freiere Arbeiten ohne Kabel aber angenehmer, und wenn man den Ladezustand im Blick behält, ist es auch zeitlich kein Problem. Für die Freiheit muss man je nach

Produkt aber manchmal auch mit schlechterer Tonqualität bezahlen.

Kamera/Webcam

Zu Beginn habe ich ohne Webcam gearbeitet, die Teilnehmenden konnten mich also nur hören und nicht sehen. Ich konnte mich beim Unterrichten mit meinem kabellosen Headset frei im Raum bewegen. Durch den Einsatz der Webcam ist das nur noch bedingt machbar, da man doch eher am Platz sitzt. Zur Kamera selbst: Wenn man ein Laptop hat, kann man die im Gerät vorhandene Kamera nutzen, sonst muss man eine externe Kamera verwenden, die oben am Monitor befestigt wird. Auch hier ist die Auswahl groß. Bei mir läuft derzeit eine externe Kamera von *Logitech*, weil ich da den Kamerawinkel verändern und die Kamera leichter ausrichten kann.

Monitor(e)

Ganz wichtig ist natürlich der Monitor. Um wirklich gut arbeiten zu können, brauchen wir sogar zwei davon. Man kann entweder einen zweiten Monitor an ein Laptop anschließen oder mit einer stationären Lösung und zwei Monitoren arbeiten. Wir verfügen dann über zwei Bildschirme. Einer davon ist unser Hauptmonitor, der den virtuellen Klassenraum und alle Programme zeigt, die wir zwar benötigen, die Teilnehmenden aber nicht sehen müssen oder sollen. Der zweite Monitor zeigt den Teilnehmenden das gewünschte Bild, wie zum Beispiel eine Arbeitsanweisung in *Microsoft Word*. Er ersetzt sozusagen die Tafel oder den Tageslichtprojektor. Zur Größe des Monitors würde ich ab 20 Zoll alles empfehlen, je größer desto angenehmer, aber bitte auch auf den individuellen Arbeitsplatzbereich achten. Wer nur 20 Zentimeter vom Monitor entfernt sitzt, braucht nicht unbedingt 30 Zoll, sonst ist man auf dem Arbeitsbildschirm mit den Augen bald so unterwegs, als würde man im Fernsehen ein Tennisspiel anschauen. Monitore gibt es im Fachhandel, beim Discounter und online in allen Preiskategorien, bitte einfach einen erwerben, der gefällt (oder am besten gleich zwei).

Externe Festplatten

Externe Festplatten gibt es mit verschiedenen Anschlussmöglichkeiten, bitte vorher in Erfahrung bringen, ob der Computer über USB 3.0/2.0 verfügt, da eine bessere (also schnellere) Verbindung oftmals teurer ist, sich aber nicht lohnt, wenn das Gerät den entsprechenden Anschluss nicht hat. Eine ausreichend große Festplatte von 1 bis 2 Terrabyte (TB) sollte genügen, damit die Sicherungen regelmäßig durchgeführt werden können. Die Betonung liegt hier auf „regelmäßig", denn nichts ist ärgerlicher, als neue Arbeitsmaterialien zu erstellen, das Sichern zu vergessen und bei einem System-Crash alles zu verlieren. Einfach immer vor dem Feierabend die externe Festplatte anschließen oder die *Windows*-Systemsicherung entsprechend konfigurieren, und schon hat man jeden Tag eine vollständige Sicherung. Beim Schreiben dieser Zeilen stürzte gerade mein Schreibprogramm ab, zum Glück sichere ich immer nach einem Absatz. Deshalb immer daran denken! Es ist mehr als unerfreulich, wenn es nicht nur die Arbeit von fünf Minuten betrifft, sondern womöglich die gesamten über Jahre gepflegten und gesammelten Arbeitsmaterialien, die dann von einem Moment auf den anderen futsch sind.

Scanner – Drucker – Kopierer

Zur Digitalisierung benötigen wir auch einen Scanner. Seit einer sehr negativen und teuren Erfahrung im Bereich der geplanten Obsoleszenz, welche einen Laserdrucker betraf, erwerbe ich nur noch *All-in-One*-Geräte, also Tintenstrahldrucker, die über Kopier-, Scan- und Druckfunktionen verfügen. Diese Geräte kaufe ich ausschließlich im Angebot, und sie liegen preislich im Allgemeinen zwischen 60 und 80 Euro. Auch hier bietet der Markt eine schier unendliche Auswahl. Mein Tipp: Darauf achten, was die Tonerpatronen kosten und das Gerät mit den billigsten Nachfüllpatronen kaufen.

Für uns ist vor allem die Scan-Funktion wichtig, da wir damit Gedrucktes einlesen und es unseren Teilnehmenden zeigen und bei Bedarf zugänglich machen können. Dabei bitte das Urheberrecht beachten, also zum Beispiel keine kompletten Lehrwerke einscannen und verteilen.

Zur Bearbeitung gescannter Dokumente bietet sich die Software *Adobe Acrobat* an. Damit kann man unter anderem in PDF-Dokumente hineinschreiben. Ein PDF ist ein Bild von einer Datei, sozusagen ein Foto. Mit verschiedenen Werkzeugen in *Adobe Acrobat* kann man auf dem

„Foto" schreiben oder Anmerkungen anbringen. Als praktisch erweist es sich, wenn man alle Dateien nach dem Öffnen gleich unter einem neuen Namen abspeichert, da sonst womöglich Änderungen und Kommentare permanent im Originaldokument gespeichert werden.

Ebenfalls nützlich zur Digitalisierung von Material sind übrigens auch Smartphones, die mit einer Scan-App ausgestattet sind, also einem Programm, das auf dem Smartphone installiert wird. Damit lassen sich Dokumente schnell einlesen, im PDF-Format speichern und versenden. Dazu verwendet das Smartphone die eigene Kamera.

Man hält das Gerät über sein Blatt Papier, und die Kamera lässt im Zusammenspiel mit der App eine digitale Datei entstehen. Das geht sehr schnell, ist oft noch einfacher, als das Blatt auf den Scanner zu legen, und schafft eine nicht zu verachtende Zeitersparnis.

Maus und Tastatur

Eine gut funktionierende Maus und Tastatur können das Leben erheblich erleichtern. Zu meinem Leidwesen hat der Tausch Laptop gegen stationären Computer für mich dazu geführt, dass ich nicht mehr die Laptop-Tastatur zum Schreiben verwenden kann. Wirklich schade. Meine jetzige Tastatur war ein Notkauf, kabellos aber mit hartem Anschlag und teilweise Unterbrechungen, was dann zu ausgelassenen Buchstaben führt. Speziell im Unterricht ist das sehr ärgerlich.

Lange Zeit hatte ich eine Maus, die zwar sehr schön im Design und auch von der Idee sicherlich gut gemeint war, in der Realität aber extrem schlecht zu handhaben und bei langer Verwendung mehr als krampfig. Dabei natürlich auch sündteuer. Man sollte sich also den Gefallen tun und wirklich testen, was gut und zuverlässig funktioniert. Gerade was schick, kabellos und teuer ist, muss nicht immer einfach und angenehm zu verwenden sein.

Wer nur mit einem Laptop arbeiten möchte, sollte sich unbedingt ausgiebig mit der Tastatur vertraut machen.

Computer, Laptops, Monitore, alle technischen Geräte haben die unangenehme Angewohnheit, von jetzt auf gleich nicht mehr zu funktionieren. Oftmals passiert das genau dann, wenn gerade ein Kurs beginnt, und obwohl alles am Sonntag vorher getestet wurde. Testen muss sein, bitte immer mit allem vertraut machen. Die sichere Handhabung der Hardware gibt einem selbst Sicherheit und zeigt den Teilnehmenden auch unsere Kompetenz. Wer verzweifelt nach dem An/Ausschalter des Headsets sucht, nachdem die Stunde gestartet ist, hat vielleicht die Lacher auf seiner Seite, lässt die Teilnehmenden aber auch mutterseelenallein. Man kann nicht „über-üben". Besser einmal mehr und wirklich sicher, als völlig hilflos sein.

Das unerwartete „Verabschieden" unserer modernen Geräte ist ärgerlich, kommt aber vor, deshalb bitte immer ein Zweitgerät parat halten. Als Notfallgerät bieten sich ausgemusterte Laptops an, aber bitte nicht ganz alte Geräte, auf denen keine aktuellen Programme mehr laufen, denn das Ersatzgerät muss zumindest die Klassenraum-Software starten und flüssig damit arbeiten können, um schnell wieder mit den

Teilnehmenden in Kontakt treten zu können. Die Ersatzgeräte bitte auch einmal die Woche darauf testen, ob sie noch funktionieren, und die Updates aktuell halten, denn es kommt vor, dass *Windows* ganz viele Updates bereithält, welche vor dem Start des Betriebssystems noch installiert werden müssen. Das kann enorm viel Zeit in Anspruch nehmen, und wenn Ihre Teilnehmenden am ersten Kurstag ohne Sie dastehen, ist jede Minute, die Sie mit einem Update-Prozess verbringen, wie ein ganzes Jahr. Ersparen wir uns also die Unannehmlichkeiten und halten unseren Notfallrechner aktuell.

Da Laptops in der Regel über ein integriertes Mikrofon und Lautsprecher verfügen, ist ein Ersatz-Headset kein Muss. Dennoch können auch diese schnell kaputtgehen, wie durch den erwähnten Kabelbruch, und schon hat man das nächste Problem, denn durch das Laptop-Mikrofon hallt die Stimme unangenehm und ist sehr verzerrt. Es gilt also: Besser ein Ersatzgerät vorrätig halten, zur Not tut es auch das Headset, das oftmals zur Ausstattung eines Smartphones gehört.

Zur Datenübertragung, zum Beispiel vom Smartphone auf den Computer, sollte ein sogenanntes WLAN (*Wireless Local Area Network*) genutzt werden. Es dient zur Herstellung einer lokalen kabellosen Verbindung zwischen technischen Geräten und ist, wenn es einmal eingerichtet ist, eine mehr als praktische Lösung, um schnell und komfortabel Daten zwischen Geräten auszutauschen. Zur Sicherheit kann man natürlich auch immer kabelgebunden arbeiten. Allerdings ist das zeitaufwändiger, und manchmal hat man vielleicht nicht sofort alle Gerätschaften zur Hand. Gerade wenn man häufiger spontan Material für den Unterricht erstellen möchte, ist die kabellose Verbindung die bessere Lösung. Zur Einrichtung und Sicherheit sei erwähnt, dass jeder Betreiber eines solchen Netzwerks auch dafür haftet, was bedeutet, dass der Zugang unbedingt durch ein sicheres Passwort geschützt werden muss. Wie man ein WLAN-Netzwerk einrichtet, erfahren Sie von Ihrem Telefonanbieter. Man muss etwas Zeit investieren und natürlich über die notwendige technische Ausstattung verfügen (dies betrifft hauptsächlich den Internet-Router, den Sie von Ihrem Telefonanbieter zum Teil sogar kostenlos zum Anschluss dazu erhalten). Nach der erfolgreichen Einrichtung des kabellosen lokalen Netzwerks können sich alle elektrischen Geräte, die Zugang dazu haben, untereinander austauschen, man kann dann schnell und ganz ohne Kabel eine Seite ausdrucken, kabellos scannen, Dateien vom Smartphone auf den Computer senden und so weiter.

Zum Versenden größerer Datenmengen oder auch zum Datenaustausch mit Kollegen/innen sowie Teilnehmenden bieten sich Cloud-Dienste an. Die „Cloud", auf Deutsch die „Wolke", kann man sich wörtlich so vorstellen, nur dass sie statt mit Regen mit Daten gefüllt ist und man, wenn man über eine Internetverbindung verfügt, jederzeit darauf zugreifen kann. Einen solchen Dienst gibt es von *Apple*, von *Google* und von *Microsoft*, aber auch Anbieter wie *Dropbox* oder *Wetransfer* erlauben das Teilen und Versenden von Daten. Diese Dienste sind ab einem gewissen Datenvolumen kostenpflichtig, was sich aber immer im überschaubaren Rahmen bewegt.

Zur Sicherheit allgemein: Lieber am Anfang etwas mehr Zeit investieren, als später Datenverluste oder gar Schaden durch kriminelle Machenschaften zu erleiden. Gerade „normale" Anwender sehen daran oft gar keinen Bedarf, weil der Computer für viele Menschen im privaten Bereich mehr der Unterhaltung als der Arbeit dient und für Angestellte einer Firma die IT-Abteilung alle Sicherheitsmaßnahmen umsetzt.

Für Freiberufler gilt dieser Luxus nicht, deshalb sind sie selbst gefragt und müssen sich um adäquate Lösungen und Sicherheitskonzepte bemühen. Leider gibt es eine beständig wachsende Anzahl Krimineller, die mit allen möglichen Tricks und Betrügereien versuchen, an Daten zu kommen oder auch ganze Computer zu „kapern", um den Besitzer zur Zahlung eines Lösegelds für die Freigabe des Rechners zu erpressen. Wer dann keine Sicherungskopien angelegt hat, muss im schlimmsten Fall seine gesamten digitalen Unterlagen neu erstellen, was mit einem enormen Zeit- und Arbeitsaufwand verbunden ist.

Damit es gar nicht erst so weit kommt, muss man wirklich gute und sichere Passwörter verwenden. Dafür kann man Passwortgeneratoren nutzen. Die Nutzung ist außerdem komfortabel, denn die Passwörter werden gleich beim Aufrufen von Programmen oder Internetseiten automatisch eingesetzt. Ganz wichtig ist es, nicht eigene, kurze Passwörter zu benutzen, die Millionen anderer Anwender auch verwenden. Bitte, Passwörter wie „qwertz" oder „12345" entsprechen nicht mehr den heutigen Sicherheitsstandards und sollten schnell wieder verworfen werden, ebenso sind Geburtsdaten oder der eigene Name für Kriminelle ein gefundenes Fressen und somit eher schädigend als nützlich. Da wir jede Menge Passwörter für verschiedene Programme brauchen und diese auch regelmäßig ändern sollten, ist der Einsatz eines Passwortgenerators oder Passwort-Managers fast unvermeidbar. Darüber hinaus muss man sich auch im Internet stets „wach" bewegen. Von der schier unendlichen Zahl von Websites haben viele schädigende Absichten, und was seriös aussieht, muss es nicht automatisch auch sein. Wie man weiß, haben zudem fast alle bekannten Website-Betreiber nicht nur altruistische Motive im Sinn, sondern sammeln auch gern Daten für ihre eigene profitable Verwendung. Deshalb gilt es, so wenig wie möglich über sich persönlich preiszugeben. Namen und persönliche Daten von Teilnehmenden sind selbstverständlich tabu, dazu rate ich auch, sich mit der Datenschutzgrundverordnung (DSGVO) vertraut zu machen. Befindet man sich im Netzwerk eines Auftraggebers, hält man sich an die dort geltenden Vorschriften und Sicherheitsrichtlinien. Also bitte strikt Privates und Dienstliches trennen und keine privaten Dateien herunterladen oder austauschen, sondern für private Zwecke das eigene Smartphone und die eigene mobile Anbindung verwenden.

Kapitel 5 – Plattformen

Nach all den Erkenntnissen und Vorbereitungen wenden wir uns jetzt der Frage zu, wie man denn nun eigentlich genau sein Wissen weitergeben kann.

Hierzu bieten sich eine Menge Programme an, die ich im Folgenden stark verallgemeinernd als „Plattformen" bezeichne. Ich unterscheide dabei grob zwei Kategorien: reine Messenger- oder Meeting-Plattformen und Lernplattformen, die ein Online-Lernen schon im Planungskonzept verankert haben.

Bevor ich es vergesse: Ich gebe hier lediglich meine persönlichen Eindrücke, Erfahrungen und Ideen wieder und werde von niemandem gesponsert.

Wirklich sehr gut vertraut bin ich nur mit zwei der nachfolgend genannten Plattformen, auf die ich deshalb auch etwas näher eingehe. Alle anderen kenne ich durch kurzes Ausprobieren, die Teilnahme an Weiterbildungsseminaren oder auch nur vom Hörensagen. Und hier schließt sich der Kreis: Neugierig sein, drauflostesten und rausfinden, was einem persönlich am meisten zusagt, lautete ja die Devise. Alle genannten

Plattformen (und noch mehr) finden Sie im Internet, indem Sie einfach den Namen bei *Google* eingeben. Auf der Website der jeweiligen Anbieter können Sie sich dann eine Demo- oder Vollversion auf Ihren Rechner, Ihr Tablet oder Smartphone herunterladen.

Zoom

Vor allem durch die Corona-Pandemie populär geworden ist die Plattform *Zoom*, von der es eine kostenlose und eine kostenpflichtige Variante gibt. Sie bietet zum Beispiel die Möglichkeit, Teilnehmende in Gruppen zu organisieren, man kann Umfragen machen, Videos einbetten, Bildschirminformationen teilen und noch weitere Funktionen nutzen. Persönlich hat mir als Teilnehmer die leichte Bedienbarkeit gefallen. Auch die Einbindung der Webcams von sehr vielen Teilnehmenden war kein Problem, und das Programm lief flüssig weiter. Für mich sehr überraschend, denn bis dato kannte ich das Programm gar nicht und war wieder mal erstaunt, wie einfach man den Präsenzunterricht ins Internet verlagern kann. Die Plattform war wohl ursprünglich ähnlich wie *Skype* als Messenger/Meeting-Plattform konzipiert, bietet aber auch noch etwas individuellere Möglichkeiten und Lösungen für andere Bedürfnisse und Planungen.

Die Klassenlehrerin meiner Tochter verwendet *Zoom* und unterrichtet damit bis zu 25 Schülerinnen und Schüler der dritten Klasse. Jeder Teilnehmer des *Zoom*-Meetings erscheint dabei in einem eigenen kleinen Fenster auf dem Monitor, so dass jeder alle sehen kann. Dies unterstreicht meine These, dass Online-Unterricht eine echte Alternative zum Präsenzunterricht ist. Wenn sich eine größere Gruppe acht- bis neunjähriger Kinder mit dem Programm zurechtfindet und die Lehrerin *ad hoc* dazu in der Lage ist, ihren Unterricht darüber zu gestalten, dann spricht das aus meiner Sicht für ein gutes und einfaches Bedienkonzept.

Zoom läuft auf allen Endgeräten, von Computern über Tablets zu Smartphones.

Wo Licht ist, da ist auch Schatten: Im Zusammenhang mit Online-Konferenzlösungen wie *Zoom* sind datenschutzrechtliche Fragen von besonderer Relevanz, deshalb bitte nicht nur hier, sondern bei allen Plattformen und Diensten unbedingt vor der Nutzung abklären, welche Verwendung erlaubt, gewünscht und gestattet ist.

Allgemein, aber vor allem im Kontext Schule, ist hier besondere Umsicht gefragt und von Alleingängen unbedingt abzuraten.

Skype

Skype benutze ich als reine Messenger/Meeting-Plattform. Zum Unterrichten habe ich es noch nie verwendet, kann aber berichten, dass es sich durchaus für kleine Gruppen eignen kann, denn hier ist es ebenfalls möglich, den Bildschirm zu teilen, Dateien zu versenden und mit der Webcam zu arbeiten. Wie bei *Zoom* ist ein großer Pluspunkt die intuitive und übergreifende Bedienbarkeit auf allen Endgeräten.

Ob *Skype* auch mit stärkerer Gruppengröße performant läuft, kann ich nicht beurteilen, da ich bisher nur an *Skype*-Meetings mit fünf bis sechs Personen teilgenommen habe. Auf *Windows*-Computern oftmals schon vorinstalliert, bietet *Skype* jedenfalls einen guten Einstieg in die Welt der Online-Kommunikation im Chat-, Video- und Audioformat.

Adobe Connect

Adobe Connect ist eine Software, die ursprünglich für Internetkonferenzen konzipiert wurde. Ich habe jahrelang im *Adobe Connect*-Klassenzimmer gearbeitet, und es war auch das erste Programm, in dem ich hospitiert habe.

Anders als *Skype* oder *Zoom* ist *Adobe Connect* schon etwas komplexer in der Bedienung, und man braucht im Idealfall eine kurze Schulung, um das volle Potenzial der Software nutzen zu können. Auch hier ist es natürlich möglich, ein Kamerabild zu aktivieren, aber darüber hinaus kann man Teilnehmende in Arbeitsgruppen aufteilen und ihnen einen Status zuteilen, der weitergehende Rechte in der Programmbenutzung ermöglicht, zum Beispiel als Teilnehmer mit wenig Rechten oder als Moderator, der selbst Gruppen starten und schließen kann. In *Adobe Connect* kann man selbst Dateien in die Plattform hochladen und bereitstellen, es gibt Reaktionsschaltflächen/Buttons für Zustimmung, Ablehnung und Applaus und auch ein Abwesenheitssymbol. Für mich ein klarer Pluspunkt: die individuelle Betreuung in Gruppen oder auch die Möglichkeit, ein spontanes Einzelgespräch zu führen. Sehr nett ist auch die

Funktion, Nachrichten in die Gruppen schicken zu können und sich so zum Beispiel anzukündigen und nicht einfach reinzuplatzen.

Als eher nachteilig empfinde ich rückblickend die sehr restriktive Arbeitsumgebung für die Teilnehmenden. Wer keine höheren Rechte hat, ist auf die Gruppenverteilung durch den Lehrenden angewiesen, man kann auch die Gruppe nicht aktiv verlassen und ist sehr limitiert in der Bewegungsfreiheit. Eine Analogie wären Gruppentische im Klassenzimmer, die man als Lehrer/in strikt überwacht, so dass niemand woanders hingehen kann.

Adobe Connect bietet sichere Kommunikation und Compliance, ein Faktor, der nicht zu unterschätzen ist. Für Firmen und Kolleginnen und Kollegen, die den Schritt in den digitalen Unterrichtsraum gehen wollen und sich bereits sicher fühlen, eine klare Empfehlung. Für Anfänger/innen mir persönlich zu komplex und weniger intuitiv als die Messenger/Meeting-Programme.

Moodle

Noch eher neu für mich, einigen bestimmt aber schon länger vertraut, ist *Moodle*.

Moodle ist eine stark verbreitete Lernplattform, die schon länger auch im universitären Bereich eingesetzt wird. Wer auf die Suche geht, wird wohl kaum eine Hochschule finden, die *Moodle* nicht in der Online-Lehre verwendet.

Ich gebe zu, dass ich mich mit dieser Software noch gar nicht auseinandergesetzt habe, erst vor 2 Monaten das erste Mal damit in Berührung gekommen bin und deshalb auch nur kurz drauf eingehen möchte.

In meiner kurzen Zeit mit *Moodle* ist mir aufgefallen, wie allumfassend diese Lernplattform ist. Es gibt scheinbar nichts, was es nicht gibt, von Räumen über E-Mails bis zu methodischen Aufgabenstellungen, man kann Dateien hochladen und bewerten und über eine Software auch virtuelle Meetings durchführen. In Kürze, *Moodle* bietet all das, was ein Hochschulcampus auch bietet. Von der Mensa mal abgesehen. Aber das muss ja nicht immer schlecht sein.

Diese Komplexität geht natürlich etwas zu Lasten der Intuition. Bei *Moodle* braucht man etwas Zeit und auch Unterstützung, um sich zurechtzufinden, schafft aber schließlich den Spagat, sich auch mit Halbwissen gut zurechtzufinden und proaktiv seine virtuelle Lernwelt zu gestalten.

Inwieweit *Moodle* für Freiberufler geeignet ist, vermag ich nicht abzuschätzen, für staatliche und private Bildungsträger ist es aber auf jeden Fall einen Blick wert.

Virtuelle 3D-Welten

Seit einiger Zeit unterrichte ich in einem virtuellen dreidimensionalen Gebäude. Dazu habe ich einen Avatar, also eine Figur, die mich in der virtuellen Welt darstellt. Ich kann diese Figur meiner äußeren Erscheinung anpassen und mich damit in einem mehrstöckigen Bürogebäude umherbewegen, das über Seminarräume, Empfang, Büros und eben alles verfügt, was ein reales Gebäude auch aufweist.

Ich gebe zu, ganz zu Beginn fiel mir der Wechsel nicht leicht, aber glücklicherweise hat mich die Begeisterung eines Kollegen völlig mitgerissen, und mittlerweile liebe ich diese Welt (mal wieder ein kleiner Hinweis darauf, wie wichtig der Austausch untereinander ist).

Warum das so ist? Weil sie wirklich 1:1 ein Abbild der realen Welt ist. Man hat als Lehrender und als Lernender alle Freiheiten und kann alle didaktisch/methodisch zur Verfügung stehenden Ideen ausschöpfen. Die Teilnehmenden können sich frei bewegen und in Gruppen zusammenfinden. Sie können Räume verlassen, sich zur Einzelarbeit in ihre Büros zurückziehen, sie können alles, was man auch in der Arbeitswelt tun würde.

Ich will hier aber nicht endlos weitererzählen oder gar schwärmen und komme auch gleich zu den negativen Punkten.

Nicht jedem fällt es leicht, sich in der virtuellen Realität zu bewegen. Dazu bedarf es schon einer Schulung und einiger Übung und Zeit, und selbst dann ist es häufig so, dass Teilnehmende weiterhin Probleme haben. Eigentlich logisch, denn die Realität ist auch komplex und nicht immer einfach.

Noch dazu ist die Software sehr ressourcenhungrig. Auf einem Computer ohne

Grafikkarte wird das Programm nicht laufen, und auch andere Endgeräte scheiden damit aus.

Außerdem braucht man zusätzlich eine Lernplattform, um das Unterrichtsmaterial dauerhaft zur Verfügung zu stellen.

Ganz klar: Solche virtuellen Lernwelten sind (noch) teuer und müssen laufend professionell betreut werden. Aber sie sind der nächste Schritt in die Zukunft des Bildungswesens und eröffnen ungeahnte Möglichkeiten. Auch als Anfänger/in kann man durch Hospitationen und eine Schulung schnell fit für den Unterricht gemacht werden und stellt dann fest, dass es gar keinen großen Unterschied mehr gibt zwischen Realität und virtueller Welt.

Derzeit bieten nur private Weiterbildungsträger die Möglichkeit zur Verwendung einer solchen Plattform an. Es ist allerdings stark davon auszugehen, dass Systeme dieser Art schließlich auch in das staatliche Bildungssystem Einzug halten werden.

Kapitel 6 – Lern-Apps und Materialien im Internet

Dieses Kapitel enthält Angaben zu externen Websites Dritter, auf deren Inhalte ich keinen Einfluss habe. Für die Inhalte der genannten Seiten ist der jeweilige Anbieter oder Betreiber der Seiten verantwortlich. Von den im Folgenden genannten Websites, Plattformen oder Verlagen erhalte ich keine finanzielle Vergütung oder profitiere in irgendeiner Art und Weise von ihrer Nennung. Die folgende Liste ist auch nicht vollständig und bietet nur einen sehr kurzen Einblick in das große Angebot an Apps und Websites für Bildungszwecke.

Online-Lern-Apps sind Lernprogramme, die nur über das Internet funktionieren. Das bedeutet, dass man sie nicht herunterladen und auf dem Computer installieren muss, was sehr praktisch ist, da man rund um die Uhr und von überall dort auf sie zugreifen kann, wo man über eine Internetverbindung verfügt. Solche Apps und Websites sind wunderbar zum eigenverantwortlichen Lernen einsetzbar und erlauben den Lernenden, ihr persönliches Lerntempo selbst zu bestimmen. Sie sind natürlich auch hervorragend geeignet zur Vertiefung von gerade im Unterricht vorgestellten Lerninhalten oder zur Recherche. Leider kann es vorkommen, dass Apps oder Websites „verschwinden", also plötzlich nicht mehr zur Verfügung stehen. Deshalb bitte ich darum, die von mir aufgelisteten Seiten eher als richtungweisenden Tipp zu verstehen und nicht davon auszugehen, dass die von mir genannten Dienste für immer und ewig verfügbar sind. Durch mein Fachgebiet Englisch sind meine Hinweise zudem sehr auf dieses Fach ausgerichtet; hier muss gegebenenfalls eine eigene Recherche angestellt werden, ob es für die persönlichen Einsatzgebiete eines jeden Lehrenden eventuell Alternativen gibt.

Immer mehr Verlage gehen den Weg der Online-Präsenz, und es gibt ganze Lehrwerke, die online zur Verfügung stehen. Der *Cornelsen* Verlag betreibt eine Plattform, die sowohl Lehrwerke als auch Kurse bereithält. Sie ist zu finden unter dem Namen *Scook*, im Internet unter *https://www.scook.de/*.

Die folgenden Web-Adressen führen auf Websites, die ich zwar sehr hilfreich finde, die aber nur für den Fachbereich Englisch von Interesse sind. Ich möchte sie hier aber trotzdem nennen, damit sich geneigte Lesende einen kurzen Überblick darüber verschaffen können, was online alles möglich ist.

1. *https://www.ego4u.de/* – eine tolle Seite, die ich gerne nutze, sie ist auch komplett auf Englisch abrufbar, dann ein „.com" statt „.de" am Ende setzen.
2. *https://www.englisch-hilfen.de/* – eine Alternative dazu, auch sehr interessant und gut zu verwenden.
3. Auch Nachrichtenhäuser und Verlage bieten tolles Material an, stellvertretend sei hier die Webseite der BBC genannt: *https://www.bbc.co.uk/learningenglish/.*

Ob ein ähnliches Angebot an Lernmaterial zum Beispiel auch für SAP oder AutoCAD-Programme, Mathematik oder Berufe im Gesundheitswesen vorhanden ist, kann ich leider nicht sagen. Also heißt es mal wieder auf und erkunden, was die schier endlose Welt des Internets zu bieten hat. Als Angebot speziell für Kinder möchte ich aber *Antolin* nicht unerwähnt lassen, ein Programm des *Westermann*-Verlags zur Leseförderung für Kinder von der 1. bis zur 10. Klasse. Das Programm wendet sich in erster Linie an Schulen, pädagogische Einrichtungen und Büchereien. Schüler können nur über ihre Lehrer teilnehmen, die sich bei Antolin anmelden und für ihre Schüler Punktekonten einrichten. Weiteres unter *https://antolin.westermann.de/.*

Noch einen Schritt weiter geht die Lern-App Anton, die ebenfalls für Kinder der Klassen 1 bis 10 entwickelt wurde. Anton ist eine Lern-App für die Schule, die mit dem Smartphone, dem Tablet und dem Computer genutzt werden kann. Sie enthält alle wichtigen Themen aus der Schule in den Fächern Deutsch, Mathe, Sachunterricht, Biologie, DaZ (Deutsch als Zweitsprache) und Musik passend zum Lehrplan. Die Lerninhalte sind kostenlos und ohne Werbung abrufbar. Es können Schulklassen angelegt, Aufgaben zugewiesen und der Lernfortschritt verfolgt werden, und die Kinder werden durch Sterne und Pokale für gutes Lernen belohnt und motiviert. Weitere Informationen gibt es unter *https://www.anton.app/de/.*

Das Internet bietet eine endlose Fülle an wirklich hilfreichen und tollen Internetseiten und Inhalten, die Lehrenden das Leben leichter machen und neue Anregungen bieten. Einen hervorragenden Ausgangspunkt für die Recherche bietet *https://www.bildungsserver.de/.*

Bitte aber immer aufpassen, dass man nicht im Überschwang geschütztes Material im Unterricht verwendet, womit ich direkt zum nächsten Kapitel überleiten möchte.

Kapitel 7 – Rechtliches

Vorab: Dies ist keine Rechtsberatung, und ich möchte auch nur sehr kurz auf dieses Thema eingehen.

Wer sich im Internet bewegt, wird in den meisten Fällen Material finden, welches sich hervorragend für den Unterricht oder die Unterrichtsgestaltung verwenden und einsetzen lässt. Das reicht von Abbildungen oder Illustrationen bis hin zu kompletten Unterrichtseinheiten, Material inklusive. Mir ist klar, dass das nicht auf alle Fachbereiche zutrifft und man für manche Bildungsfelder vielleicht auch absolut nichts im Internet finden kann, aber häufig taucht dann eben doch etwas auf, und sei es auch nur ein gutes Foto.

Weil es immer wieder vorkommt und ich vielfach höre, dass man die Inhalte ja ganz einfach herunterladen kann, sei hiermit warnend darauf hingewiesen, dass sie deshalb noch lange nicht kostenlos zur freien Verfügung stehen. Das Internetrecht ist nur eine Schnittstelle zu allen anderen Rechtsgebieten. Weil diese für mich undurchschaubar sind und für immer ein Mysterium bleiben werden, hier jetzt meine wirklich absolut laienhafte Meinung: Man sollte immer sehr vorsichtig sein mit der Verwendung von Materialien und/oder Software. Manches darf nur zur eigenen, privaten Nutzung verwendet werden und nicht zur kommerziellen.

Für die Nutzung von Plattformen fallen eventuell Gebühren an, wenn man sie professionell und in Firmen verwendet, das können monatliche oder jährliche Gebühren sein. Fast jeder dürfte schon von Abmahngebühren gehört oder gelesen haben.

Unwissenheit schützt vor Strafe nicht, und so kann einen am Ende ein vermeintlich frei verfügbares Arbeitsblatt oder ein schönes Foto vom Buckingham Palace viel Geld kosten, und gerade im Hinblick auf die Freiberufler unter uns ist das ein nicht zu unterschätzendes Risiko. Ich könnte ja jetzt wieder mit einer Anekdote aufwarten, aber ich nenne nur die ungefähre Schadensumme von 250 Euro.

Bevor man also etwas verwendet, bitte unbedingt rechtlich absichern.

Kapitel 8 – Präsenz in der virtuellen Umgebung

Präsenz? Ja, wie? War da nicht die Rede von Autonomie und Eigenverantwortlichkeit? Sicher, aber das schließt ja nicht aus, dass wir als Lehrende auch ab und zu mal mit den Lernenden in Kontakt treten, wenn auch nur virtuell. Welches technische Equipment sich dafür anbietet, habe ich im Kapitel „Allgemeine technische Informationen" schon erläutert. Hier geht es aber um den nächsten Schritt, nämlich darum, wie und ob ich mich überhaupt zeige. Durch die Verwendung einer Webcam ist es möglich, sich den Teilnehmenden zu präsentieren. Hier sollte man darauf achten, dass der Hintergrund nicht zu sehr ablenkt und somit den Fokus der Lernenden auf sich zieht. Die Bedienprogramme der Kameras bieten Einstellungsmöglichkeiten, um zum Beispiel den Hintergrund auszublenden, man kann den Blickwinkel verändern, sich stärker heranzoomen (also weiter heranholen) und zentrieren. Dass man ordentlich gekleidet sein und ein gepflegtes Erscheinungsbild präsentieren sollte, versteht sich vielleicht von selbst, aber man fühlt sich dann auch deutlich besser und kann ganz anders auftreten. Für einen neutralen Hintergrund bietet sich eine faltbare Pappwand an, die man als Freiberufler auch gut mit dem eigenen Logo versehen kann. So eine Wand bietet den unschätzbaren Vorteil, dass im Hintergrund eine völlig chaotische Küche sein kann, man aber trotzdem ein wunderbar aufgeräumtes Bild von sich selbst und der Wand präsentiert. Solange sie nicht umfällt.

Präsenz bedeutet aber auch, sich auf das Konzept „Online" einzulassen. Da ist das Visuelle eher zweitrangig und ich möchte behaupten in vielen Fällen auch gar nicht nötig. Definieren wir Präsenz einmal als die Wirkung, die wir auf die Teilnehmenden ausstrahlen. Wer nur widerwillig und eher gezwungen seinen Unterricht ins Internet verlagert, wird sicherlich auch durch die virtuelle Barriere so wahrgenommen. Für mich war es gerade am Anfang sehr überraschend, wie stark Emotionen auch im virtuellen Klassenzimmer transportiert werden. Meine Regel ist deshalb, wie in der Realität auch: Wenn der Unterricht startet, gehe ich in den Arbeitsmodus. Dann bin ich in meiner Rolle als Trainer, Dozent, Lernbegleiter oder Lehrer und strahle die Sicherheit und das Vertrauen aus, die ich auch vermitteln würde, wenn ich im Präsenzunterricht wäre. Das ist ein nicht zu unterschätzender Faktor für erfolgreiches Unterrichten im virtuellen Raum.

Kapitel 9 – Gesundheit und Ablenkung

Gesundheit

Ein wichtiger Punkt, denn „online Arbeiten" bedeutet häufig eine sitzende Tätigkeit. Anders als vielleicht in einem Klassen- oder Seminarraum, wo man häufig aktiv zum Whiteboard oder an die Tafel geht, von Raum zu Raum wechselt, Materialien und Medien holt, hat man in der virtuellen Lernwelt all das in seinem Computer. Ein Klick, und schon erscheint das Video. Ein weiterer, und die Datei ist für alle verfügbar und muss nicht erst dreißigmal kopiert werden. Man verbringt also sehr viel Zeit in sitzender Haltung, was auf Dauer verschiedene gesundheitliche Risiken mit sich bringen kann. Nun haben wir als Lehrende den Vorteil, dass die Teilnehmenden ihre Pausenzeiten in der Regel gerne nehmen und im Allgemeinen auch nur zu den festgelegten Unterrichtszeiten anwesend sind. Wir sind also weniger dem Risiko ausgesetzt, die Zeit zu vergessen und erst nach acht Stunden das erste Mal aufzustehen. Trotzdem ist die Tatsache, dass die Lernenden vergleichsweise mehr Zeit mit autonomem Lernen verbringen, und die Rolle des Lernbegleiters mit weniger „Präsenzzeit" in der Lerngruppe einem längeren Verweilen am

Computer eher zu- als abträglich. Es gilt also, sich bewusst an Pausenzeiten zu halten, sich aktiv zu bewegen, kurze Spaziergänge einzuplanen und sich allgemein fit zu halten. Jedem ist das bewusst, aber selbst während ich dies schreibe, stelle ich gerade erschrocken fest, dass mal wieder gute zwei Stunden vergangen sind, die ich in ungesunder Haltung tippend vor dem Laptop gesessen habe. Ein Wecker kann helfen, sich dessen bewusster zu werden. Online arbeiten heißt auch oft, abgeschottet und allein zu arbeiten. Gerade wenn man freiberuflich arbeitet, ist man nicht in betriebliche Strukturen eingebunden und hat somit weniger Kontakt zu anderen. Ich empfehle daher jedem, den kollegialen und fachübergreifenden Austausch zu suchen, erstens um einer Vereinsamung vorzubeugen und zweitens, um neue Perspektiven zu gewinnen. Fachübergreifend lautet hier mein Tipp, weil auch und gerade wenn ich in SAP völlig unbewandert bin, aber bei Kollege Y mal eine kurze Weile hospitiere, sich sicherlich frische Ideen und auch ein Austausch untereinander ergeben. Zusammenfassend sollte man sich regelmäßig bewusst hinterfragen und aufpassen, dass man nicht zu viel Zeit vor dem Computer verbringt.

Prokrastination

Ein herrliches Wort. Jahrzehntelang habe ich mich selbst, oder wurde von anderen, als „faul" bezeichnet. Dabei stimmt das gar nicht. Ich „prokrastiniere" nur. Oder auch nicht. Wer sich wie ich leicht ablenken lässt, der sollte unbedingt ein Auge auf die Selbstdisziplin haben. Man kann sich im Internet regelrecht verlieren. Mal eben recherchiert man für eine mögliche Klausuraufgabe, schon klickt man auf einen interessanten Link, dem folgt ein Video, dazu ein weiterer Artikel über ein ungemein wichtiges Thema, und schon wieder sind zwei Stunden vergangen und die Zeit läuft einem davon.

Klare Arbeitsfenster können hier helfen, und es gibt auch Software, die einem gar nicht erlaubt, in solchen Zeitfenstern bestimmte Internetseiten aufzurufen. Natürlich ist das nur ein schwacher Trost und hilft meist nur bedingt, aber allein dadurch, dass man sich der Problematik bewusst geworden ist, hat man ja schon den ersten Schritt getan. Und am Ende kann man locker sagen: „Prokrastination? Ich kümmere mich später drum."

Kapitel 10 – Alles zu kompliziert?

Bevor ich dieses Buch abschließe, hier noch ein Tipp: Wem das bisher alles zu detailliert und schwierig oder auch zu aufwändig vorkommt, dem möchte ich vorschlagen, einfach mal die Funktionen von Smartphone oder Tablet auszuprobieren. Zum Beispiel bietet *Whatsapp* auch eine Videotelefonie-Funktion an, und die Gruppenfunktion im Chat lässt sich für den Austausch von Sprachmitteilungen und Dokumenten in einer Gruppe nutzen.

Wer also die Gelegenheit hat, könnte zum Beispiel in der beruflichen Fortbildung diese Funktionen einmal nutzen und auf diese Weise den ersten Schritt in die Welt des Online-Unterrichtens machen. Alles Weitere ergibt sich dann womöglich von selbst.

Kapitel 11 – Fazit

Hier endet meine kurze Exkursion in die Online-Lernwelt. Es gibt außer den hier vorgestellten Möglichkeiten mit Sicherheit noch viele weitere Alternativen, die sich womöglich besser, sicherer oder intuitiver nutzen lassen, und niemand weiß, was die Zukunft noch bringen wird. Als ich das erste Mal den Gedanken hatte, einen Ratgeber zu schreiben, war von dreidimensionalen Lernwelten noch nicht die Rede. Innerhalb von gerade einmal zwei Jahren hat man jetzt ganz neue Gestaltungsspielräume. Dazu ist es auch nicht nötig, sich einer Plattform zu verschreiben. Diversifizieren ist angesagt, und was bei Kurs X klappt, das muss bei Klasse Y noch lange nicht rundlaufen. Testen, Augen und Ohren offen halten und Neuem zugetan sein, denn häufig wird man auch betriebsblind und verliert somit im schlimmsten Fall die Möglichkeit, sich das Leben leichter zu machen, interessanter und aufregender zu gestalten, und damit natürlich auch die Option, sein Wissen ebenso zu vermitteln.

Ob nun online oder in Präsenz, im Fokus sollten für uns immer die Lernenden stehen. Welchen Weg wir einschlagen, ob nun vollkommen digital, traditionell in Präsenz oder eine Mischung, bei der die eine oder andere Form der Wissensvermittlung und Bereitstellung überwiegt, ist völlig ohne Belang.

Nach dieser kurzen Reise in vielleicht neue oder auch bekannte Gefilde sollten weiterhin die Freude und der Spaß an der Weitergabe unserer Erfahrungen und unseres Wissens im Vordergrund stehen. Wenn der eine oder die andere Lesende sich aufmacht und einmal versucht, sich neugierig in unbekanntes Terrain vorzuwagen, ist meine Aufgabe schon getan. Nämlich ein klein wenig Neugierde und gar Begeisterung dafür zu wecken, neue Wege und Pfade zu entdecken.

Ich wünsche allen eine wunderbare Reise und großartige Erlebnisse in der virtuellen Bildungswelt.

Zum Autor

Robert Schmidt, Jahrgang 1974, unterrichtete bereits während seines Studiums der Anglistik und Geschichte an der Volkshochschule und beim Bildungsverein in Hannover. Als Honorarkraft betreute er die Jahrgänge 12 und 13 am Fachgymnasium Lehrte und unterrichtete an einer Grammar School in England. Im Jahr 2008 entschied er sich endgültig für die Erwachsenenbildung und gab als Freiberufler Englischkurse für Fach- und Führungskräfte internationaler Unternehmen aus der Energie- und Versicherungsbranche. Regelmäßige Lehraufträge als Honorardozent an der Hochschule Hannover schlossen sich an. Seit 2013 ist er als Lernbegleiter im Fachbereich Englisch für einen privaten Bildungsanbieter in Vollzeit im Homeoffice tätig. Er unterrichtet dort ausschließlich online und bereitet die Teilnehmenden unter anderem auf die Prüfungen im Rahmen der international anerkannten Sprachzertifizierungen der London Chamber of Commerce and Industry (LCCI) vor.

Nachwort

Wer nach dem Ausflug vielleicht Fragen hat oder die Lust verspürt sich auszutauschen, schreibe mir gern unter folgender E-Mail-Adresse bei Problemen oder Nöten, aber auch mit Anregungen und Kritik. Bitte etwas Geduld mitbringen und nicht nervös werden, wenn eine Antwort etwas auf sich warten lässt. Ich kann natürlich nicht dafür garantieren, dass diese E-Mail-Adresse bis in alle Ewigkeit verfügbar ist, aber bis auf Weiteres bin ich erreichbar unter: online-lernen@gmx.de.